Gerhard Holzhammer
Bernhard Kirchgessner

ENTRE NOUS

Kochen mit Freunden — Kochen für Freunde

Illustration: Wolf Hirtreiter

Erlös zugunsten der Kirchenrenovierung Winzer

VERLAG Duschl

Inhaltsverzeichnis

Erläuterungen

Zum Geleit

Menüs

1. Zum Geburtstag   8
Salat * Rindersteaks mit Senfkruste * Linzer Torte

2. Zum Namenstag   12
Tomatensalat mit Speck und Pfifferlingen * Bayer. Ratatouille * Pfirsichtorte

3. Zur Verlobung   16
Salat * Bandnudeln mit Lachs * Panna cotta

4. Zum Hochzeitstag   20
Honigmelone mit Portwein * Lammkotelett * Eistorte

5. Zum Valentinstag   24
Griechischer Salat * Schweinefilet mit Senfkruste * Fruchtsalat

6. Für den besten Freund/die beste Freundin   28
Salat mit warmem Ziegenkäse * Lachs auf Zwiebelbett * Aprikosentorte

7. Zum Jahrestag des Kennenlernens   32
Lachscarpaccio * Entenbrust an Rotwein * Apfeltorte

8. Für Freunde französischer Küche   36
Roquefort * Gegrilltes Gemüse *
Gegrillter Schinken mit Senfsauce * Schokoladenmousse

9. Für Freunde italienischer Küche   40
Vorspeisenteller * Risotto * Rinderfilettoast * Waldfrüchte

10. Tête-à-tête bei Kerzenschein   44
Käse mit Kräutern der Provence * Putenschnitzel
an Cocktailsauce * Schwimmende Insel

11. Zur Versöhnung nach Streit   48
Gebratener Spargel * Lachs im Reisblatt *
Quark-Amarettini-Terrine

12. Zu Silvester   52
Artischocken (Champignons) an Tomatenvinaigrette *
Zanderfilet auf Wurzelbett * Walderdbeercreme

Erläuterungen

I Primi: Vorspeise

I Secondi: Hauptspeise

I Dolci: Nachtisch

Formaggio/Formaggi: Käse

Vino bianco: Weißwein

Vino rosso: Rotwein

Vino rosato: Roséwein

Amuse gueule: Appetitanreger

Hors d´œuvre: kalte Vorspeise

Entrée: warme Vorspeise

Le plat principal: Hauptspeise

Dessert: Nachtisch

Fromage/Fromages: Käse

Vin blanc: Weißwein

Vin rouge: Rotwein

Vin rosé: Roséwein

Zum Geleit

Was tut ein handwerklich unbegabter Pfarrer, der ein Pfarrheim bauen und hierfür einen Eigenbeitrag leisten möchte? Er publiziert ein Kochbuch! So geschehen 1998 mit "Don Bernardos Küche", welches binnen kurzem eine zweite Auflage erlebte. Von Käufern angeregt initiierte der Pfarrer in der Küche des neuen Pfarrheims, des Franziskus-Hauses, - wider den Protest mancher Ehefrauen - einen "Kochkurs für Männer". So verband sich "zufällig" das Angenehme mit dem Nützlichen: Es fanden sich drei Kreise von je 8-10 Männern, die an je 4 Abenden miteinander kochen und essen wollten. Es trafen, was sonst in der Seelsorge schwer zu bewältigen ist, auf kirchlichem Terrain Männer unterschiedlichster Alters- und Interessenklassen aufeinander, die miteinander ins Gespräch kamen. Alte, bereits bestehende Freundschaften wurden durch den Kochkurs wiederbelebt, neue Freundschaften, so auch die Freundschaft mit Co-Autor Gerhard Holzhammer, entstanden. Was lag da näher, als angesichts der bevorstehenden Kirchenrenovierung, der Neugestaltung der Sedilien und des Osterleuchters durch akad. Bildhauer Wolf Hirtreiter, wieder zur Feder bzw. zum Kochlöffel zu greifen und die Ideen dreier Personen zu einem harmonischen Ganzen zu verbinden?

Voilà, c´est ça! Das Ergebnis liegt nun mit "ENTRE NOUS - Kochen mit Freunden-Kochen für Freunde" vor. 12 sehr persönliche, familiäre Anlässe bieten den äußeren Rahmen für 12 teils italienische, teils französische Menüs, bestehend aus Vorspeise, Hauptspeise, Dessert und Käse, ergänzt durch ein in Anlehnung an den Sonnengesang Franz von Assisis formuliertes Tischgebet, erläutert durch Illustrationen unseres Freundes Wolf Hirtreiter, abgerundet durch Hinweise auf die zu besagten Anlässen passende (klassische) Musik. Bewusst erhielt die mediterrane Küche den Vorzug, da sich damit zum einen angenehme Urlaubserinnerungen und zum anderen die Intention verbinden, den "kühlen", gehetzten und gestressten Nordeuropäern die gelassene südländische Lebensart als nachahmenswertes Beispiel vor Augen zu stellen.

Auch diesmal wurde bei den meisten Rezepten auf eine genaue Mengenangaben verzichtet, da der Kreis der Mit-Esser stets variiert und unbedingt Raum für die eigene Phantasie und Experimentierfreude bleiben soll. Deshalb versteht sich das Kochbuch auch nicht als sklavische Handlungsanweisung, sondern als Inspiration zu kreativem Kochen. Gerade das Kochen weckt die kreativen Kräfte im Menschen und beflügelt zu immer neuen Variationen. In diesem Sinne fördert ein gutes Kochbuch die dem Menschen von Gott verliehenen Talente: das Talent, Speisen zuzubereiten, zu koordinieren, zu würzen, zu kredenzen, das Talent, ein ansprechendes Ambiente mit Tischdecke, Servietten, Tischschmuck, Kerzen und Speisekarte zu schaffen und schließlich das Talent, miteinander in Ruhe die Früchte des Kochens genießen zu können.

Schließlich verbindet sich mit diesem Kochbuch in einer Zeit sich leerender Kirchenbänke ein theologisches Anliegen. Von Hektik und Stress, Leistungs- und Erfolgszwang deformiert bleiben immer mehr Zeitgenossen dem Gottesdienst fern, da ihnen die Mitfeier der Liturgie "nichts bringt". Stattdessen suchen sie lieber andernorts mit hohem finanziellen Einsatz nach Ruhe und Stille, nach Halt und Orientierung, nach Geborgenheit und Zärtlichkeit, vergessend, dass all dies im Gottesdienst gratis angeboten wird.

Wenngleich hier nicht der geeignete Ort ist, die Ursachen für den Kirchenauszug zu analysieren, liegt einer der Gründe in der Tatsache, dass viele Familien unregelmäßig am Esstisch zusammenkommen. Eine Familie aber, die nicht mehr miteinander speist, und d. h. miteinander spricht und sich austauscht, fällt über kurz oder lang auseinander. Deshalb will das Kochbuch die Familien und Freundeskreise ermutigen, sich vermehrt um den Tisch zu versammeln, miteinander zu sprechen und Mahl zu halten. Denn nur wer in Ruhe am Esstisch mit Familie und Freunden Mahl halten kann, gewinnt (wieder) Verständnis für das eucharistische Mahl am Altartisch und entdeckt (wieder), wie aufbauend und beflügelnd eine Gemeinschaft Gleichgesinnter, eine Gemeinschaft Glaubender sein kann.

Gerhard Holzhammer
Bernhard Kirchgessner

1. Zum Geburtstag
Compleanno - Anniversaire

Apéritif: Bianco di Custoza

***

I Primi: Insalata "Bruna & Clara"
Salat

***

I Secondi: Bistecca mostarda
Rindersteaks mit Senfkruste

***

I Dolci: Torta austriaca (di Linz)
Linzer Torte

*Die Rose welche hier dein äusseres Auge sieht
Die hat von Ewigkeit in GOTT also geblüht.*
— Silesius

***Gelobt seist du, mein Herr,
für Schwester Rose;
herrlich blüht sie in unseren Gärten und Parkanlagen
und verströmt ihren lieblichen Duft.***

Apéritif: Bianco di Custoza

***

I Primi: Insalata "Bruna & Clara"
Lollo rosso und Lollo biondo putzen, waschen, mit Tomaten und Rucola mischen. Kresse darüber streuen. Putenbruststreifen in heißem Öl kurz anbraten, mit Salz, weißem Pfeffer, Cayennepfeffer und Curry würzen. Balsamico und dünn fließenden Honig im Schüttelbecher mischen und Salat damit marinieren. Dazu reiche man Ciabatta.

***

I Secondi: Bistecca mostarda
Rindersteaks salzen, pfeffern, mit Dijon-Senf bestreichen (nach Geschmack mit fein gehackten Zwiebeln bestreuen). In heißem Öl kurz anbraten, mit Rotwein ablöschen und einige Minuten köcheln lassen. Sofort mit Nudeln servieren.

***

I Dolci: Torta austriaca (di Linz)
150 gr Butter, 125 gr Zucker, 125 gr Mandeln, 1 Ei, 200 gr Mehl, ½ Pck. Backpulver, 1 Pck. Vanillezucker, Zitrone, 1 cl Schnaps (Obstler), Zimt und Nelken, Johannisbeermarmelade (nicht entkernt)
Zutaten in einer Rührschüssel zu einem glatten Teig verkneten. 2/3 des Teiges ausrollen und in runder Form auslegen. Johannisbeermarmelade gleichmäßig auf dem Teig verteilen. Den Rest des Teiges dünn ausrollen, in Streifen schneiden und als Gitter auflegen. Bei 175° ca. 70 Min. bakken.

Formaggio:
Matusc: Schnittkäse mit Ziegenmilch (aus der Lombardei)

***

Vino rosso:
"Ripasso" Superiore Valpolicella, DOC

***

Musik:
Oper: Vincenzo BELLINI: NORMA
Symphonie: Robert SCHUMANN: Symphonie Nr. 1,
"Frühlingssymphonie"

2. Zum Namenstag
Onomastico - Fête

Apéritif: Kir

***

Hors d´œuvre: Salade tomates
Tomatensalat mit Speck und Pfifferlingen

***

Le plat principal: Ratatouille bavaroise
Bayer. Ratatouille

***

Dessert: Tarte du Mère Daniela
Pfirsichtorte

Gelobt seist du, mein Herr,,
für Schwester Lilie; ihr lieblicher Duft sagt
wie betörend du bist,
mein Herr!

Apéritif: Kir
1 cl Crème de Cassis in einem bauchigen Cognacschwenker mit Aligoté-Weißwein (Burgund) aufgießen.

***

Hors d´œuvre: Salade tomates
Cocktailtomaten halbieren und anrichten. Basilikum fein hacken und mit Olivenöl und Balsamico vermischen. Tomaten damit marinieren. In der Pfanne Zwiebeln glasig dünsten, Speckwürfel und Pfifferlinge dazugeben, mit Salz und Pfeffer abschmecken und über die Tomaten geben.

***

Le plat principal: Ratatouille bavaroise
Zwiebel- und Schinkenwürfel in der Pfanne glasig dünsten, mäßig Knoblauch dazu geben. In Würfel geschnittene Auberginen, Zucchini und (gelben oder rosa) Paprika hinzufügen und bissfest dünsten. Mit Salz und Pfeffer und reichlich Kräutern der Provence abschmecken. In eine Auflaufform geben und bei 200º im Backofen mit gewürfeltem korsischen Schafskäse überbacken. Dazu reiche man Baguette.

***

Dessert: Tarte du Mère Daniela
150 gr Margarine, 150 gr Zucker, 1 Pck. Vanillezucker, 4 Eier, 250 gr Mehl, ½ Fl. Backöl-Zitrone, 3 geh. TL Backpulver, 1 Dose Pfirsiche.
Streusel: 150 gr Mehl, 75 gr Zucker, 100 gr Margarine, 1 Pck. Vanillezucker
Die Margarine mit Zucker und Vanillezucker schaumig rühren, Eier und Mehl nach und nach dazugeben. Für die Streusel Mehl, Zucker und die Margarine mit der Hand kneten. Den Teig auf ein gefettetes Blech streichen und mit Pfirsichen belegen. Den Streuselteig darüber zerbröseln. Den Kuchen bei 150° ca. 30 Minuten backen.

Fromages:
Charolais: Ziegenweichkäse
Epoisses oder Chambertin: Rotschmierkäse
(Kuhmilch aus dem Burgund)

***

Vin:
Pinot noir aus dem Burgund: Côtes de Beaune
oder Côtes d'Or
oder: Pinot noir aus der Wachau

***

Musik:
Oper: Charles GOUNOD: FAUST
Symphonie: Georges BIZET: Symphonie Nr. 1 in C

3. Zur Verlobung
Fidanzamento - Fiançailles

I Primi: Insalata "Theodorakis"
Salat

***

I Secondi: Tagliatelle al Salmone
Bandnudeln mit Lachs

***

I Dolci: Panna cotta
Panna cotta

Gelobt seist du, mein Herr,
für Bruder Wein;
wie er aus dem Fass ins Glas strömt,
so strömt deine Liebe in uns Menschen.

I Primi: Insalata "Theodorakis"
Feldsalat putzen und waschen. Zwiebel hacken und glasig dünsten, Pfifferlinge und Speckwürfel dazu geben. Mit Weißbrotcroûtons in der Pfanne anrösten. Aus 2/3 Öl und 1/3 Essig mit 1 EL Zucker, 1 EL Salz, 1 TL Fondor, 7 Spritzer Maggi und 1 TL Dijon-Senf eine Marinade anrühren (man kann die Marinade 2-3 Wochen im Kühlschrank in einem Schraubglas aufbewahren). Marinade über den Salat geben.

***

I Secondi: Tagliatelle al Salmone
Die Tagliatelle in Salzwasser kochen. Währenddessen die Sahne köcheln lassen, etwas Zucker und Dill, sowie, je nach Geschmack einen Schuss Weißwein beigeben. Mit Salz und einem TL Dijonsenf würzen. Tagliatelle abgießen und mit der Senf-Sahne-Sauce vermengen. Fein geschnittene Lachsstreifen unterheben. Mit Pfeffer abschmecken und mit fein geschnittenem Basilikum und Estragon bestreuen.

***

I Dolci: Panna cotta
500 gr Sahne, 40 gr Zucker, 3 Blatt farblose Gelatine, 1 Vanilleschote (oder 1 Pck. Bourbon-Vanillezucker)
Die Vanilleschote der Länge nach aufschneiden und das Vanillemark herausschaben. Die Sahne mit Zucker, der Vanilleschote und dem Mark zum Kochen bringen, ca. 10 Min. köcheln lassen. Zwischenzeitlich die Gelatine in kaltem Wasser einweichen. Vanilleschote aus der Sahne nehmen und die ausgedrückte Gelatine unter Rühren in der Sahne auflösen. Die Masse in Förmchen oder in eine Schale füllen und 6 Stunden im Kühlschrank fest werden lassen. Vor dem Servieren stürzen und mit Crème de Cassis übergießen.

Formaggio:
Fontina (aus dem Aostatal)

***

Vino bianco:
Locorotondo DOC
Vino rosso:
Montepulciano d'Abruzzo "Cerasuolo", DOC

***

Musik:
Ballett: Mikis THEODORAKIS: ALEXIS SORBAS
Konzert: Richard STRAUSS: Aus Italien

4. Zum Hochzeitstag
Giorno delle nozze – Jour du mariage

Hors d´œuvre: Melon au Porto
Honigmelone mit Portwein

***

Le plat principal: Côtes d´Agneaux
Lammkotelett

***

Dessert: Tarte de glace
Eistorte

*Gelobt seist du, mein Herr,
für Bruder Baum;
er spendet Schatten
und erinnert uns an des Lebens Kraft.*

Hors d´œuvre: Melon au Porto
Die Honigmelone halbieren und mit einem Löffel die Kerne entfernen. Zur Hälfte mit Portwein füllen, auf großem Teller servieren. Den Portwein und das Fruchtfleisch auslöffeln.

***

Le plat principal: Côtes d´Agneaux
Lammkoteletts einen Tag vorher mit Knoblauch und Herbes de Provence würzen und in Öl einlegen und einen Zweig frischen Rosmarin beifügen. In der Grillpfanne bei hoher Temperatur anbraten, mit Salz und Pfeffer würzen, evtl. nochmals Herbes de Provence beigeben. Bohnen kochen und abgießen, mit Salz und Pfeffer würzen, Öl und Weißweinessig dazu geben. Mit etwas Zitrone beträufeln, mit Zwiebelringen garnieren und lauwarm anrichten. Mit Rosmarinbratkartoffeln servieren.

***

Dessert: Tarte de glace
2 Eier, 80 gr Zucker, 2 cl Grand Marnier, 400 ml Sahne, 30 gr Rosinen, Rum, 30 gr geröstete Mandeln.
Schokoladensauce: 125 ml Wasser, 70 gr Zucker, 100 gr Blockschokolade, 1cl Rum
Die Eier mit dem Zucker über dem Wasserbad schaumig rühren, danach kaltrühren. Mit dem Grand Marnier und der geschlagenen Sahne vermengen. Die Rosinen in Rum tränken. Für die Schokoladensauce das Wasser zum Kochen bringen, den Zucker dazugeben und die Schokolade darin auflösen. Die Masse in drei gleiche Teile trennen. 1/3 der Masse in eine Gugelhupfform geben, 1/3 mit der Schokoladensauce und den Rosinen mischen und ebenfalls in die Form füllen. Zum Schluss den Rest darauf geben. Das Ganze für etwa 6 Stunden in das Gefrierfach stellen. Vor dem Servieren auf eine Platte stürzen und mit gerösteten Mandeln bestreuen.

Fromages:
Tomme de Frais de Brebis (Schafskäse aus Nordflandern)
Pyrenées Chèvre Fermier

***

Vin rouge:
"La Vieille Ferme", Côtes du Ventoux aus dem Rhônetal

***

Musik:
Oper: Wolfgang Amadé MOZART: LE NOZZE DI FIGARO
Konzert: Camille SAINT-SAËNS: Symphonie Nr. 3,
"Orgel-Symphonie"

5. Zum Valentinstag
Giorno di San Valentino – Jour du St. Valentin

Apéritif: Kir Cardinal

***

Hors d´œuvre: Salade Feta à la Grecque
Griechischer Salat

***

Le plat principal: Filet de porc
Schweinefilet mit Senfkruste

***

Dessert: Salade de fruits
Fruchtsalat

***Gelobt seist du, mein Herr,
für die Blumen und Sträucher;
in ihrer Vielfalt und Pracht
begegnen wir dir als Freund des Lebens.***

Apéritif: Kir Cardinal
1 cl Crème de Cassis in einem bauchigen Cognacschwenker mit Pinot noir (Burgunderrotwein) auffüllen.

***

Hors d´œuvre: Salade Feta à la Grecque
Grünen Salat putzen und waschen und mit der Salatmarinade (siehe Menü Nr. 3) anmachen. Tomaten und Feta in Scheiben schneiden. Tomaten mit den Fetascheiben belegen und auf dem Salat verteilen. Gehacktes Basilikum mit Olivenöl vermengen und portionsweise über die Tomaten geben.

***

Le plat principal: Filet de porc
Gesalzenes und gepfeffertes Schweinefilet mit reichlich Dijon-Senf bestreichen und mit Herbes de Provene würzen. In heißem Öl von allen Seiten anbraten und mit Weißwein aufgießen. 10-15 Min. sanft köcheln lassen. Dazu reiche man am besten Nudeln.

***

Dessert: Salade de fruits
Obst – ganz nach Belieben und nach Saison, z.B. Äpfel, Bananen, Kiwi, Orangen, Mandarinen etc. in mundgerechte Stücke schneiden und mit 2 EL Zucker und gutem (!) Cognac abschmecken. Im Kühlschrank durchziehen lassen.

Fromages:
Cœur de Neufchâtel Fermier (Kuhmilch aus der Normandie)
Brie de Meaux (Weichkäse aus der Île de France)

***

Vin blanc:
Grüner Veltliner oder Chardonnay aus der Wachau
"La Vieille Ferme", Côtes du Luberon

***

Musik:
Oper: Thomas AMBROISE: MIGNON
Konzert: Wolfgang Amadé MOZART: Klarinettenkonzert KV 621

6. Für den besten Freund/ die beste Freundin
Per un buon amico/una buona amica
Pour le meilleur ami/pour la meilleure amie

Entrée: Chèvre au chaud
Salat mit warmem Ziegenkäse

***

Le plat principal: Saumon aux oignons
Lachs auf Zwiebelbett

***

Dessert: Tarte d´abricots
Aprikosentorte

*Gelobt seist du, mein Herr,
für Bruder und Schwester Mensch.
Durch ihre Liebe spüren wir
wie abgrundtief Du uns liebst,
mein Herr!*

Entrée: Chèvre au chaud
Rucolasalat waschen und je nach Länge in 2-3 gleich lange Teile schneiden. Mit halbierten Cocktailtomaten auf dem Teller anrichten. Mit einer Marinade aus 2/3 Öl, 1/3 Balsamico, Dijonsenf, Salz und Pfeffer beträufeln. Toastecken mittig durchschneiden, mit Chèvre (Ziegenkäse) belegen und im Backofen goldbraun überbacken. Sodann auf dem Rucola servieren.

***

Le plat principal: Saumon aux oignons
Die Lachsfilets waschen, trockentupfen, salzen, pfeffern, mit Zitrone beträufeln. 3-4 große Zwiebeln in feine Ringe schneiden und in Öl glasig dünsten. Lachs auf das Zwiebelbett setzen und bei geschlossenem Deckel von beiden Seiten gar kochen lassen. Zum Schluss mit reichlich weißem Balsamico aufgießen und kurz aufkochen lassen. Lachs und Zwiebeln mit Wildreis und Salat servieren.

***

Dessert: Tarte d´abricots
4 Eier, 250 gr Zucker, 125 gr Butter, 125 ml Milch, 350 gr Mehl, 1 1/2 TL Backpulver, 1 Pck. Vanillezucker, Zitronensaft, Salz
Zunächst die Eier trennen und das Eiweiß mit 125 gr Zucker steif schlagen. Anschließend die Eigelbe nach und nach unter die Butter rühren und mit Zucker, Vanillezucker, Zitrone und Salz verrühren. Das Eiweiß vorsichtig unterheben. Abschließend die Milch, das Mehl und das Backpulver hinzugeben. Den Teig in eine gefettete Springform füllen und mit halbierten Aprikosen belegen. Ca 45 Minuten bei 175° backen. Nach dem Bakken mit Puderzucker bestreuen.

Fromages:
Im Sommer: Crottin de Chavignol (aus Poittou Touraine)
Im Winter: Tomme de Chèvre
(Ziegenschnittkäse aus den Pyrenäen)

***

Vin rosé:
Im Sommer: Rosé aus der Provence
Vin blanc:
Im Winter: Bordeaux

***

Musik:
Oper: FRANZÖSISCHE OPERNARIEN
(z. B. Mady Mesplé)
Konzert: Maurice RAVEL: Boléro

***

Zum Ausklang:
Wahnsinnsarien mit Maria Callas oder Edita Gruberova.

7. Zum Jahrestag des Kennenlernens
Giorno del primo incontro – Jour de la première connaissance

Hors d´œuvre: Carpaccio de Saumon aux herbes de Provence
Lachscarpaccio

***

Le plat principal: Canard au vin
Entenbrust an Rotwein

***

Dessert: Tarte Tatin
Apfeltorte

*Gelobt seist du, mein Herr,
für deine Schöpfung;
für die Erde und das Weltall,
das so unendlich weit ist
wie du, mein Herr!*

*Gelobt seist du, mein Herr,
für all deine Schöpfung
sie macht das Leben bunt und reich.*

Hors d´œuvre: Carpaccio de Saumon aux Herbes de Provence
In Scheiben geschnittenen Lachs in reichlich Olivenöl und Zitronensaft schwimmend marinieren. Leicht mit milden Pfefferkörnern würzen und mit gehacktem Basilikum und Estragon bestreuen.

***

Le plat principal: Canard au vin
Die Entenbrust zunächst auf der Fettseite rautenförmig einritzen und ohne Öl in der sehr heißen Pfanne auf der Fettseite scharf anbraten, dann wenden. Das Fleisch in der Pfanne von beiden Seiten salzen und pfeffern, mit reichlich Rotwein aufgießen. Abschließend bei mittlerer Hitze etwas einreduzieren lassen. Die rosa gebratene Entenbrust in Scheiben schneiden, mit Preiselbeeren garnieren und mit Rosmarin gewürzten Röstkartoffeln anrichten.

***

Dessert: Tarte Tatin
Blätterteig, Äpfel, Sahne, Honig, Zucker
Den Blätterteig gibt es tiefgefroren und bereits gerollt in jedem Supermarkt.
Den Boden und den Rand einer gefetteten Springform mit Blätterteig auslegen und 10 Minuten im Backofen vorbacken. In der Zwischenzeit die Äpfel schälen, vierteln und in dünne Scheiben schneiden.
Ca. 100 ml Sahne mit 2 El Zucker und 2 EL Honig vermengen. Die Äpfel fächerartig auf dem Blätterteig verteilen und mit der Sahne übergießen. Den restlichen Blätterteig in Streifen schneiden und gitterartig auf den Äpfeln verteilen. Den Kuchen ca. 15 Minten bei 175° im Backofen backen. Kurz vor Ende der Backzeit das Gitter mit Aprikosenmarmelade bestreichen.

Fromages:
Surmelin oder junger Soumaintrain (aus der Île de France),
garniert mit Wildpreiselbeeren

***

Vin rouge:
Beaujolais Village

***

Musik:
Oper: Léon DÉLIBES: LAKMÉ
Symphonie: Franz SCHUBERT: Symphonie Nr. 3
oder Nr. 8 "Unvollendete"

8. Für Freunde französischer Küche
Per gli amici della cucina francese
Pour les amis de la cusisine française

Amuse gueule: Roquefort

***

Entrée: Légumes grillés
Gegrilltes Gemüse

***

Le plat principal: Jambon Braisé Sauce Moutarde à l´Ancienne
Gegrillter Schinken mit Senfsauce

***

Dessert: Mousse au chocolat
Schokoladenmousse

Gelobt seist du, mein Herr,
für Schwester Meer.
Ihr kräftiges Blau
weckt in uns die Sehnsucht
nach Weite und Tiefe.

Amuse gueule: Roquefort
Roquefort (Pyrenées) gewürfelt, dazu ein Glas Sauternes oder Sherry. (Käse schließt nicht nur den Magen, Käse öffnet ihn auch!)

***

Entrée: Légumes grillés
Karotten putzen und ebenso wie die Zucchini in fingergroße Streifen schneiden, die Paprika achteln. Honig in der Pfanne zerlaufen lassen und Gemüse in heißem Honig anbraten. Mit einem kräftigen Schuss Weißweinessig ablöschen. Bei mittlerer Hitze das Gemüse bei geschlossenem Deckel gar dünsten lassen. Mit Salz und Pfeffer abschmecken.

***

Le plat principal: Jambon Braisé Sauce Moutarde à l´Ancienne
Farmerschinken in mitteldicken Scheiben (1/2 cm) kurz von beiden Seiten in der Grillpfanne anbraten. Nicht würzen, da der Schinken schon salzig ist!
Sahne aufkochen lassen, grobkörnigen Dijon-Senf (=Ancienne) einrühren und mit Salz, Pfeffer und etwas Zucker abschmecken. Schinken mit Sauce auf Bandnudeln anrichten.

***

Dessert: Mousse au chocolat
200 gr Schokolade, 5-6 Eier
Die Schokolade (nach Belieben auch verschiedene Sorten, schichtweise) im Wasserbad langsam schmelzen lassen. Eier trennen und die Eiweiße steif schlagen. Eigelbe mit der zerlassenen Schokolade vermengen, danach Eischnee vorsichtig unter die Masse heben. In eine Form füllen und wahlweise im Kühlschrank fest werden lassen oder im Gefrierfach gefrieren lassen.

Vin rouge:
Château de Jau (aus dem Roussillon)

***

Digéstif:
Marc de Champagne

***

Musik:
Oper: Georges BIZET: CARMEN.
Konzert: Georges BIZET: Carmen-Suite oder: L´Arlésienne.

9. Für Freunde italienischer Küche
Per gli amici della cucina italiana
Pour les amis de la cuisine italienne

Antipasti "Monsignore"
Vorspeisenteller

***

I Primi: Risotto "Don Bernardo"
Risotto

***

I Secondi: Toast "Cardinale"
Rindefilettoast

***

I Dolci: Frutte "Vescovo"
Waldfrüchte

Gelobt seist du, mein Herr,
für Bruder Olivenbaum;
knorrig und ausgemergelt steht er am Hang;
doch seine Zweige biegen sich
unter der L(u)ast der Oliven.

Antipasti "Monsignore"
Bresaola, Mailänder Salami und San-Daniele-Schinken, sowie in Balsamico eingelegte Silberzwiebeln (Cipolle) und in Öl eingelegte Paprikastreifen (peperoni arrostiti) auf einem Teller anrichten. Dazu isst man italienisches Ciabatta.

***

I Primi: Risotto "Don Bernardo"
Wildreis in Salzwasser kochen. Schinken- und Zwiebelwürfel mit zerdrücktem Knoblauch in der Pfanne anbraten. Mit Salz, Pfeffer und Safran würzen, Sahne aufgießen und köcheln lassen. Kurz bevor der Reis gar ist, diesen abgießen und in die Sauce geben. Alles gut vermengen. Bei mittlerer Hitze noch einige Minuten ziehen lassen.

***

I Secondi: Toast "Cardinale"
Rinderfilet waschen und trockentupfen, in heißem Olivenöl kurz anbraten, mit Salz und schwarzem Pfeffer würzen, mit halbierten Pflaumen (oder Birnen) und mit Gorgonzola belegen und überbacken. Währenddessen gewürfelte Zwiebel glasig dünsten. Auf getoasteten Schwarzbrotscheiben ein Zwiebelbett bereiten und mit dem Rinderfilet bekrönen.

***

I Dolci: Frutte "Vescovo"
Je nach Saison Himbeeren, Heidelbeeren, Brombeeren und Johannisbeeren waschen, trochentupfen und mit Zucker bestäuben.

Formaggi:
Pecorino dolce (junger Schafskäse aus Sardinien)
Taleggio (Weichkäse aus der Lombardei)

***

Vino Frizzante:
Prosecco: Dekantieren (in Karaffe füllen) und im Weißweinglas kredenzen
Vino bianco:
Bonarda, Colli Piacentini, DOC
Vino rosso:
Monica di Sardegna, DOC

***

Musik:
Oper: Gaëteano DONIZETTI: L´ELISIR D'AMORE
Konzert: Gioacchino ROSSINI: OUVERTÜREN
Orchestra Filarmonica Marchigiana
Dirigent: Gustav Kuhn

10. Tête-à-tête bei Kerzenschein
Appuntamento - Rendezvous

Entrée: Fromages aux Herbes de Provence
Käse mit Kräutern der Provence

***

Le plat principal: Escalope de dinde
Putenschnitzel an Cocktailsauce

***

Dessert: L´Île Flottante
Schwimmende Insel

*Gelobt seist du, mein Herr,
für Schwester Calla.
Ihre königliche Erscheinung
verweist auf dich,
den Herrn der Herren,
den König der Könige.*

Entrée: Fromages aux Herbes de Provence
Ein halbiertes Baguette oder eine Toastscheibe mit Olivenöl beträufeln und mit einem würzigen Hartkäse belegen. Mit Herbes de Provence bestreuen und im Backofen überbacken.

***

Le plat principal: Escalope de dinde
Kleine Putenschnitzel von beiden Seiten anbraten und mit Salz und weißem Pfeffer würzen. Für die Sauce 250 ml Joghurt-Salatcreme, 100 ml Sahne, Ketchup, Salz, Pfeffer, 2 TL Worchestersauce, und einen Spritzer Tabasco gut verrühren. Einen halben Pfirsich aus der Dose fächerartig aufschneiden, auf das Schnitzel legen und kurz in der Pfanne bei geschlossenem Deckel mitgaren. Putenschnitzel mit Pfirsich anrichten, die Sauce darüber geben und mit Wildreis servieren.

***

Dessert: L´Île Flottante
4 Eier, 1 Pck. Vanillezucker, Milch
Die Eier trennen und das Eiweiß mit dem Vanillezucker steif schlagen. Die Milch in einem breiten Topf köcheln lassen. Mit einem Löffel Nocken vom Eischnee abstechen und auf die Milch legen. Fest werden lassen, herausnehmen und abtropfen. Danach ½ l Milch mit dem restlichen Zubehör verrühren und kurz aufkochen.
½ l Milch, 1 Vanilleschote, 125 gr Zucker, 30 gr Mondamin, 3-4 Eigelb, 125 ml Sahne
Die Zutaten vorsichtig verrühren und erhitzen, die Sauce in eine Schüssel gießen, anschließend die "Inseln" vorsichtig auf die Sauce legen.

Fromages:
Beaufort (Hartkäse aus Savoyen)
"Comté extra" (Hartkäse aus dem Zentralmassiv)

***

Vin blanc:
Sauvignon aus Südafrika

***

Musik:
Oper: Charles GOUNOD: ROMEO ET JULIETTE
Konzert: Ludwig van BEETHOVEN, Symphonie Nr. 6

11. Zur Versöhnung nach Streit
Per la riconciliazione – Pour la réconciliation

Vorspeise: Gebratener Spargel

***

Hauptspeise: Lachs im Reisblatt

***

Dessert: Quark-Amarettini-Terrine

*Gelobt seist du, mein Herr,
für die versöhnende Hand,
die du uns allzeit entgegenstreckst.
Du nimmst uns so an,
wie wir sind.*

Vorspeise: Gebratener Spargel

Grünen Spargel putzen, weißen Spargel schälen. Spargel in drei gleich lange Teile schneiden und in Öl bei mittlerer Hitze ca. 5 Min. anbraten. Mit Sojasauce ablöschen, mit Gemüsebrühe aufgießen und ca. 10 Min. bei geschlossenem Deckel köcheln lassen. Bei Bedarf Brühe nachgießen. Mit Salz und Pfeffer abschmecken.

Hauptspeise: Lachs im Reisblatt

Lachsfilet waschen, trockentupfen und mit Salz und Pfeffer würzen. Dann mit Sojasauce beträufeln, mit Meerrettich bestreichen und etwa 10 Min. ruhen lassen. Reisblätter (in jeder Feinkostabteilung zu finden) ca. ½ Min. in kaltem Wasser einweichen und auf Küchenkrepp etwas trocknen lassen.
Eisbergsalatblätter blanchieren (in kochendem Wasser überbrühen) und trockentupfen.
Lachs zunächst in das Salatblatt und anschließend in das Reisblatt einwikkeln. In der Pfanne zuerst auf der offenen Seite (Naht), dann auf allen Seiten anbraten.
In Balsamico eingelegte Silberzwiebeln bei mittlerer Hitze erwärmen und Balsamico einreduzieren lassen. Nach Belieben Basmati-Reis dazu reichen.

Dessert: Quark-Amarettini-Terrine

375 gr Quark, 250 ml Milch, 1 Pck. Vanillezucker, 100 gr Zucker, 1 El Zitronensaft, 6 Blatt weiße Gelatine, 125 ml Sahne, Amarettini
Zunächst die Gelatine in kaltem Wasser einweichen. In der Zwischenzeit den Quark mit der Milch, dem Zucker und dem Zitronensaft verrühren. Die eingeweichte Gelatine in einem Topf unter Erwärmen auflösen und in die Quarkmasse rühren. Die steif geschlagene Sahne unter die gelierende Masse ziehen. In eine kalt ausgespülte Form zunächst eine Schicht Quarkmasse einfüllen, darauf eine Schicht Amarettini verteilen und zum Abschluss erneut Quarkmasse. Im Kühlschrank fest werden lassen und vor dem Servieren auf eine Platte stürzen.

Käse:
Peyrigoux (milder Weichkäse aus der Champagne)
Pavé (milder Weichkäse aus der Champagne)

***

Vino bianco:
Trebbiano di Romagna, DOC
Pinot Grigio aus dem Friaul oder Veneto, DOC
Vino rosato:
Castel del Monte - Rosato, DOC

***

Musik:
Oper: Richard WAGNER: GÖTTERDÄMMERUNG
Orchester der Tiroler Festspiele Erl
Dirigent: Gustav Kuhn
Messe: Charles GOUNOD: Messe solennelle de Sainte-Cécile
(Cäcilienmesse)
Konzert: Joseph HAYDN, Symphonie Nr. 94
mit dem Paukenschlag

12. Zu Silvester
San Silvestro-Capodanno
Saint-Sylvestre

Antipasti: Carciofi arrostiti al pomodoro
Artischocken (Champignons) an Tomatenvinaigrette

***

Pesche: Lucioperca
Zanderfilet auf Wurzelbett

***

I Dolci: Crèma della nonna Lydia
Walderdbeercreme

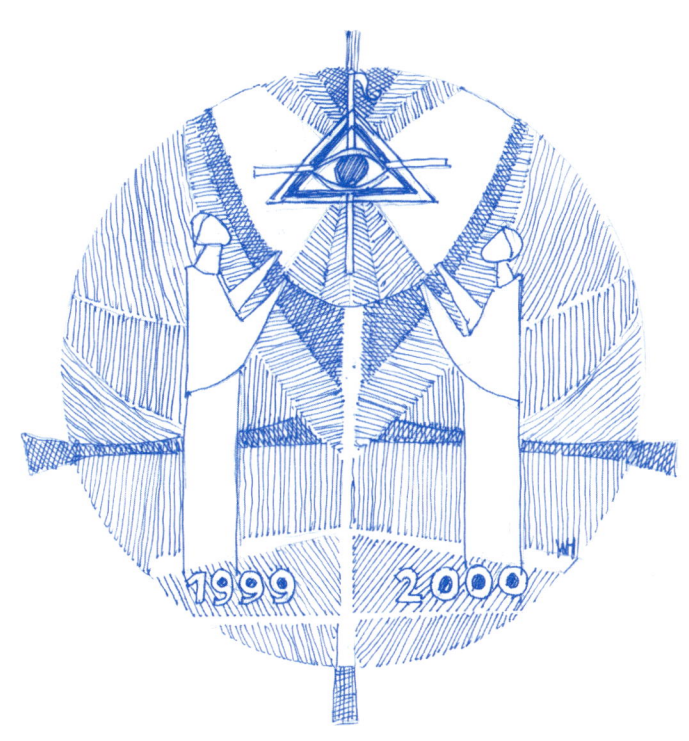

Gelobt seist du, mein Herr,
für dieses Jahr.
Wenngleich wir nicht alles verstehen,
was sich ereignete,
wissen wir,
dass alles seinen Sinn hat.

Gelobt seist du, mein Herr,
für das neue Jahr,
in dem Du uns
mit Deinem Segen begleiten wirst.

Gelobt seist du, mein Herr!

Antipasti: Carciofi arrostiti al pomodoro
Eingelegte (gegrillte) Artischocken (oder Champignons) auf Teller anrichten. Tomaten an beiden Enden kreuzweise einschneiden und in kochendem Wasser überbrühen bis sich die Haut löst. Tomaten abschrecken, häuten, die Kerne entfernen und das Fruchtfleisch in kleine Würfel schneiden. Mit Weißweinessig und Öl (1:3) vermengen, gehackte Petersilie hinzugeben und mit Salz und Pfeffer würzen. Vinaigrette (nach Belieben auch lauwarm) über die Artischocken (Champignons) geben.

Pesche: Lucioperca
Zanderfilet waschen, mit Zitronensaft beträufeln und mit Fischgewürz bestreuen, mit Salz und Pfeffer abschmecken. In einer Auflaufform ein Wurzelbett aus in feine Stifte geschnittenen Karotten, in Scheiben geschnittenen Stangensellerie und Lauchringen bereiten. Gemüse mit Fischfond und Weißwein zu gleichen Teilen gut bedeckt aufgießen. Den Zander auf das Wurzelbett setzen und im Backofen garen lassen. Mit Petersilienkartoffeln servieren.

I Dolci: Crèma della nonna Lydia.
4 Becher Sahne, 1-2 EL (Wald-)Erdbeermarmelade, 2 EL geriebene Blockschokolade, 2 Sahnesteif, Vanillezucker, Mandelmakronen, Cognac
Makronen: 4 Eiweiß, 250 gr Puderzucker, 250 gr gemahlene Haselnüsse
Für die Makronen zunächst die Eiweiße steif schlagen und langsam den Puderzucker untermischen. Nach und nach die Haselnüsse unterheben. Den Teig löffelweise auf ein Backblech verteilen und bei 150° Heißluft backen. Die Makronen nach dem Abkühlen mit Cognac tränken.
Die geschlagene Sahne teilen. Die eine Hälfte mit der Marmelade, die andere mit der geriebenen Schokolade vermengen. Zunächst in eine Schüssel eine Schicht Erdbeersahne einfüllen, darauf eine Schicht getränkter Makronen, dann eine Schicht Schokoladensahne. So oft wiederholen bis die Zutaten verbraucht sind. Als Abschluss eine Schicht Schokosahne auftragen.

Formaggi:
Dessert des Trappistes Mont des Cats (aus Nordflandern)
Chaource (aus dem Elsass)

***

Vini:
Prosecco: Colli Trevigiani, IGT
Vino bianco: Vermentino di Sardegna, DOC
Vino rosato: Herea – Rosato di Sicilia, IGT
Vino rosso: Rosso Piceno, DOC
Colli Perugini Rosso, DOC

***

Musik:
Oper: Giuseppe VERDI: LA TRAVIATA
Operette: Johann STRAUSS: DIE FLEDERMAUS
Um Mitternacht: Johann STRAUSS: "Donau-Walzer"
(Wiener Philharmoniker)

Für die Käse- und französischen Weinempfehlungen danken wir:

Alles rund um den Käse

Käsespezialitäten
Feinkost
Party-Service

94469 Deggendorf
Rosengasse 11
Tel. 0991/8313

's Kasamandl

Für die italienischen Weinempfehlungen danken wir:

Qualitäts- und Spitzenweine aus Italien

Josef Waindinger

Wein, Grappa, Sekt, Olivenöl,
italienische Feinkost

Eiserding 10 Tel. (09904) 1061
D-94541 Grattersdorf Fax (09904) 7697

Import
Großhandel
Einzelhandel

CANTINA EST

Jacques Bouille → **WEINIMPORT** Grands VINS de FRANCE

→ **Verkauf ab Keller**

Weine aus
Bourgogne,
Champagne,
Côtes du Rhône,
Languedoc

Freitags
16.00 –
18.30 Uhr
oder nach tel.
Vereinbarung

Kutschenreuterweg 3
94474 VILSHOFEN-ALBERSDORF
(08541) 8845 ✆ 8804

BMi
Bayerische Milchindustrie
Wir machen mehr aus Milch

Erlesene Hauerweine

WEINGUT & KELLEREI FAM. BURGER
A- 3550 Langenlois, Zeiselberg 18, Tel. 02734/2584

Blumengeschäft
Annemarie Bergbauer
Passauer Str. 43 • 94577 Winzer
Tel.: 09901/7859

Bei uns finden Sie für jeden Anlaß das Richtige:
- *Schnittblumen • Topfpflanzen*
- *Trockenfloristik / Seidengestecke*
- *Grab- und Trauerbinderei • Hochzeitsfloristik*

E aktiv markt GOTZLER
frisch • freundlich • preiswert • aktiv

Lebensmittel • Käse-, Fisch-, und Feinkosttheke • Backwaren • Obst u. Gemüse
täglich frisch • feinste Wurst- und Fleischwaren • Präsentkörbe • kalte Platten
Zeitschriften • Fotoarbeiten • Reinigung • Ottoversand • Getränkemarkt

EDEKA aktiv markt Gotzler GmbH • Au 5b • 94577 Winzer
Tel. 09901 / 902900 Fax 09901 / 902901 email gotzler.gmbh@t-online.de

Einhellig's BACKHAUS

Hengersberg · Deggendorf · Metten · Winzer · Schöllnach · Osterhofen

75 Jahre Erfahrung aus drei Generationen

GENTLEMAN
herrenmode

Wittgasse 7 · 94032 Passau
Telefon: (0851) 2643 · Fax: (0851) 2886

högn

Buchhandlung Högn

Pfleggasse 1
94469 Deggendorf
Tel: 0991/5836
Fax 0991/6229
info@hoegn.de
www.hoegn.de

ORIGINAL LIEBL

Jahnstraße 11–15
93444 Kötzting
Telefon 09941/1321
Telefax 09941/7300

Meist- und höchstprämierte Bärwurzerei Bayerns seit 1992

Fordern Sie unseren umfangreichen Versandkatalog für Produkte aus eigener Herstellung an!

Lesen beflügelt

BUCHHANDLUNG AM PAULUSBOGEN
Rindermarkt 4 · Telefon 0851/36210
94032 Passau

Metzgerei Plecher
Friedhofstraße 1
94577 Winzer
Tel.: 09901/ 7705

* Seidengestecke und Seidenblumen
* Exoten- und Frischblumen
* Hochzeit und Taufe
* Topfpflanzen
* Balkonpflanzen
* Grabgestecke
* Geschenkartikel

...und vieles mehr...

Öffnungszeiten:
Mo.-Do.: 9.00-12.00/Di., Mi. u. Do.: 14.30-18.00
Fr.: 14.00-18.00/Sa.: 8.00-12.00

Gestecke-, Blumen- und Geschenkideen

Pusteblume
Inh. Sabine Sedlmeier

Passauer Str. 28 - 94577 Winzer
Tel. u. Fax: 09901/94359
Privat: 09932/4551

Ein guter Treffpunkt in Deggendorf.

BÜCHER PUSTET.

Bahnhofstr. 13 · 94469 Deggendorf · Tel.: 09 91/68 07 · Fax: 09 91/78 17

Durchgehend geöffnet

G'schirr & G'schenke

Sandner
Passauer Straße 66
94577 Winzer

Tel.: 09901/6548
Fax: 09901/3363

SCHREIBMAYR

Inh. THOMAS KEIM KG

Kirchenbedarf – sakrale Kunst – Paramente

Besuchen Sie unsere ständige Ausstellung

Passau-Neustift · Alte Poststraße 41
Tel. 0851/98879-0

Selly´s ...

Kneipe & Mehr

Inh.: Mühlbauer Nicole
Bratfischwinkel 5 · 94032 Passau · Tel. (0851) 9347844

Ristorante - Pizzeria
Sole Mio

Roßtränke 12
94032 Passau
Tel: 0851/32135
Fax: 0851/755508

Tiroler Festspiele Erl
Gesamtleitung: Prof. Dr. Gustav Kuhn

Die Festspiele finden jeweils im Juli statt.

Büro der Tiroler Festspiele Erl, Adamgasse 7a
A-6020 Innsbruck
Ticket-Hotline: 00800-07072001

TIROLER FESTSPIELE ERL

VIETZE

Wäsche, Bademoden, Dessous
Inh.: Roswitha Salzberger, Oberer Stadtplatz 25, D-94469 Deggendorf
Tel. (0991) 4577, Fax (0991) 6654

Motorrad Weinzierl

Franz Weinzierl
Gewerbestraße 5
94577 WINZER
Telefon (0 99 01) 66 00
Telefax (0 99 01) 32 33
Fu.-Tel. (01 71) 7 93 74 98

Metzgerei
Richard Zauner
94577 Winzer
Tel. (09901) 1513

Ebenfalls im Verlag Duschl erhältlich:

Don Bernardo´s Küche
Kochbuch, 35 S., DM 9,80
ISBN 3-933047-14-5

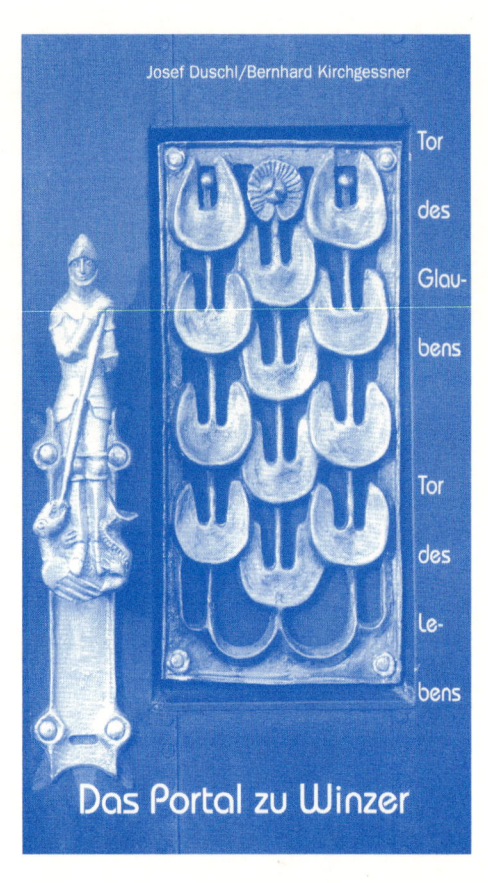

Das Portal der Pfarrkirche zu
Winzer, 48 S., DM 9,80

Impressum:
©**Verlag Duschl, D - 94577 Winzer/Donau, 2000**
Alle Rechte vorbehalten. Veröffentlichungen jeglicher Art,
auch auszugsweise, nur mit Erlaubnis des Verlages.
Illustration: Wolf Hirtreiter
Layout und Satz: Sebastian Duschl

ISBN 3-933047-48-X

Bestelladresse:
Katholisches Pfarramt St. Georg
Jahnstrasse 7
D-94577 Winzer
Tel. 09901/6292
Fax 09901/3199
e-Mail: pfarrei.winzer@degnet.de

Gerhard Holzhammer
geb. 1972 in Straubing, 1992 Abitur am Gymnasium in Vilshofen, 1992-97 Lehramtsstudium an der Universität Passau, 1997-1999 Referendariat in Simbach bei Landau.

Bernhard Kirchgessner
geb. 1958 in Buchen/Odw., 1979-82 Studium in Fribourg/Schweiz, 1983 Priesterweihe in Salzburg, 1986-90 Wiss. Ass. an der Universität Passau, 1993 Promotion, Pfarrer an St. Georg in Winzer, seit 1998 Habilitationsstudium.

ISBN 3-933047-48-X